كارولين فارلو وأميليا فارلو

صندوق الرمل

أنتم من تقولون أنكم أنتم

الرسوم التوضيحية بواسطة فولكسنفابليز

ليس للطباعة

هذا الكتاب ينتمي إلى

تم النشر بواسطة (Diverse Dimensions) محدودة المسؤولية، الرسوم التوضيحية بواسطة فولكسنفابلز (FolksnFables)

(الفريق: نيثي جوزيف، جمانة نائب الرئيس، إندو شاجي)

979-8-98621-849-6

كارولين فارلو وأميليا فارلو

صندوق الرمل

أنتم من تقولون أنكم أنتم

الرسوم التوضيحية بواسطة فولكسنفابليز

الإهداء

هذا الكتاب مخصص لجميع الأطفال في العالم الذين يستحقون التمثيل. توفر سلسلة كتاب صندوق الرمل للأطفال فهماً متقدماً من المهارات الاجتماعية والوظيفية.

كان حفل تاو رائعاً!
كانت البالونات والحلوى في كل مكان.
كان هناك جنية حتى!

ركضنا ولعبنا .
لقد كان يوماً رائعاً !

دارت الجنية ببطء في دائرة كبيرة.
وكانت عصاها السحرية تلمع بطريقة رائعة.

قالت الجنية: اجلسوا يا أطفال.
أغمضوا جميعاً أعينكم وأخبروني
من ترون.

صاحت إيماني: يا إلهي!
أنا أميرة جميلة!

أجابت الجنية: "نعم، أنت من تقول أنك أنت"

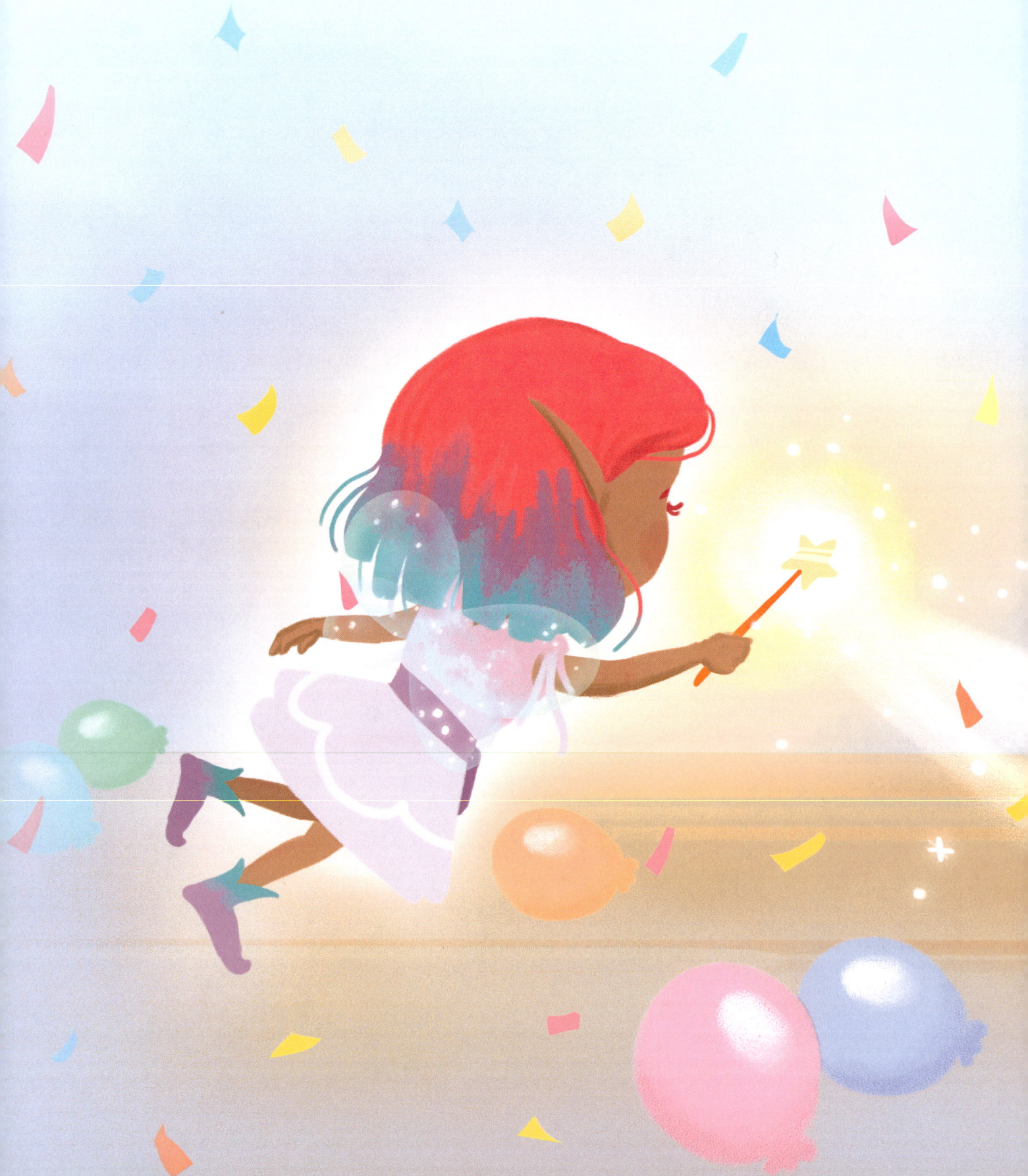

حلقَت الجنية حول إيمان وهي تلوح بعصاها.
ظهرت إيماني من خلال الضوء الساطع مرتدية زي أميرة جميلة.

شهق جميع الأطفال وصرخوا، ثم قالت ألبا: "واو! إنها تبدو جميلة جداً"

وقال وين: "واو أنت جميلة إيماني"

قالت الجنية: "انظروا يا أطفال أنتم الآن من تقولون أنكم أنتم"

صاح ويز وهو يقفز: "حقاً؟!".
وضعت الجنية بسرعة عصاها فوق شعر ويز الأحمر المجعد.

"إذا أنا رجل إطفاء!"
"أنقذ الجميع بخرطوم الماء البارد".

ياي!
صرخوا جميعاً.
دورت الجنية عصاها البراقة حول ويز، عندها دار ويز حول نفسه بسرعة
وأصبح رجل إطفاء

مشت الجنية ببطء نحو ألبا ودورت
عصاها في حركة دائرية.
ثم قالت: "من تريدين أن
تكوني"؟.

ابتسمت ألبا وقالت: "أنا طبيبة ذكية للغاية".
"أشفي الجميع".

فجأة رشت الجنية غبار الجنيات على ألبا ولوحت بعصاها فوق رأسها.
دارت ألبا مثل الإعصار في أرجاء الغرفة.

ثم وقفت وهي تبدو طبيبة ذكية تحب أن تشفي الجميع.

أفشى تشك ما يدور في ذهنه وقال: "أنا رائد فضاء!"
"سأحلق إلى الفضاء!"
لوحت الجنية بعصاها السحرية فوق رأس تشاك.

أقلع تشاك مثل صاروخ وطار إلى
الفضاء.

"أريد أن أكون عالمة.

وسأجد علاجات جديدة".

قالت إيلا.

لوحت الجنية بعصاها السحرية فوق رأس إيلا ودرات إيلا ثلاث

مرات.

عندما فتحت إيلا عينيها، ظهر أنبوبا اختبار في يديها.
كانت سعيدة جداً أن يكون لها مختبرها العلمي الخاص.

قال أبول: "أريد فقط ممارسة الرياضة طوال حياتي، لطالما أردت هذا".
انحنت الجنية بالقرب من أبول وتساءلت "ما هي رياضتك المفضلة يا
أبول؟
فأجاب: "أنا أحب كرة القدم؟"

لوحت الجنية بعصاها فوق رأس أبول.
ويا للعجب!
وراح أبول يجري عبر ملعب كرة القدم
أسرع من البرق.

وقف تاو وأخبر الجميع بأنه يريد أن يكون أفضل بطل خارق في العالم!
وقال: "سأنقذ العالم من كل المتنمرين اللئيمين"

رشت الجنية غبار الجنيات على تاو ولوحت بعصاها فوق رأسه.
طار تاو في السماء وعباءته تخفق خلفه وصاح : "ها هو ذا الفتى الخارق !!"

وقفت الأميرة إيماني وسط الضوء حاملة عصا الأميرة الخاصة بها موجهة
إلى الجنية.
وقالت: "آنسة جنية، ماذا تريدين أن تكوني؟"

ابتسمت الجنية عندما لاحظت أن العصا كانت موجهة إليها، ودارت بسرعة.

لتفاجئ الجميع بحصان وحيد القرن رائع الجمال.

امتطى جميع الأطفال ظهر الحصان
وطاروا نحو
السماء الزرقاء الكبيرة.
وقالوا معًا "وييي!!! نحن جميعًا من نريد أن نكون!"

نبذة عن الكاتب

الكاتبة

كارولين فورلو (Carolyn Furlow) حاصلة على درجة الماجستير في الآداب، في مجال الكتابة الإبداعية، وبكالوريوس العلوم في الدراسات متعددة التخصصات، بالإضافة إلى تخصص ثانوي مزدوج في علم النفس والدراسات الأفرو أمريكية.

هي أم لثلاثة أطفال بالغين وجدة لحفيدة عزيزة تدعى إيماني. كمعلمة، واجهت بشكل مباشر أوجه العزلة لدى الطلاب الذين يشعرون بالانفصال عن الدروس ومواد القراءة في فصولهم الدراسية.

بروح من الحب والاحترام الكبير لجميع الأطفال، ابتكرت هي وابنتها أميليا فورلو سلسلة من القصص التي تخاطب جميع الأطفال وتمنحهم الشعور بالارتباط مع القصص التي يقرؤونها في الفصول الدراسية والمنزل.

العالم عبارة عن بوتقة ينصهر فيها الأطفال الجميلون في جميع أنحاء الكوكب ـ تعكس قصصنا وجودهم وتعزز قبول واحترام الخلافات ـ

نبذة عن الكاتب

الكاتبة

أميليا فورلو   (Amelia Furlow)
تعمل حالياً متدربة في مجال الزواج
والعلاج الأسري وتتخصص بدراسات
الصدمات.

حصلت على بكالوريوس الآداب في
الدراسات الأفرو أمريكية من جامعة
ولاية كاليفورنيا، لوس أنجلوس.

تفتخر بكونها عمة إيماني سمايلز.

كونها عمة لطفلة عمرها خمس سنوات، رأت أميليا الحاجة إلى سرد قصص
أكثر تنوعاً في كتب الأطفال.

إحدى هواياتها المفضلة هي القراءة لابنة أختها.

تعاونت مع والدتها، كارولين فورلو، لإنشاء سلسلة من كتب الأطفال التي
تسلط الضوء على أوجه التشابه وكذلك التميز للإنسان.

يسمح سرد القصص التي تحتفي بالتفرد والتشابه للأطفال بتبني ماهيتهم
الحقيقية ـ

بعد أن نشأت في لوس أنجلوس وكاليفورنيا وتكساس وشاطئ تشيسابيك
بولاية ماريلاند، اطلعت أميليا على قوة التنوع في سن مبكرة جداً.

يحتاج الأطفال اليوم، وأكثر من أي وقت مضى، إلى الشعور بالانتماء.

هذه السلسلة لا تقدم الانتماء فحسب، بل تجلب البهجة لمن يقرأها!

ليس للطباعة

9 798986 218496